세계를 보는 눈을 길러

세계 문화 탐험 프로그램

세계사 여행

세계지리 2 – 문명의 발생

2

역사 전문 프로그램
✿ 감돌역사교실

세계사 여행

제목	학습목표	학습내용
1차시 메소포타미아 문명 (이라크 탐험)	· 메소포타미아 문명이 발생한 서아시아 '비옥한 초승달 지역'의 자연환경을 이해한다. · 메소포타미아 문명의 문화재를 통해 메소포타미아 문명의 특성을 이해한다.	01 문명의 조건 – 농업과 도시 02 문명의 시작 – 4대 문명 03 메소포타미아 문명을 가다! 04 수메르인이 꽃피운 메소포타미아 문명
2차시 이집트 문명 (이집트 탐험)	· 이집트 문명이 발생한 아프리카 북부 나일 강 유역의 자연환경을 이해한다. · 이집트 문명의 문화재를 통해 이집트 문명의 특성을 이해한다.	01 이집트 문명을 가다! 02 파라오의 거대한 건축물 03 피라미드 대탐험 04 이집트의 상형문자
3차시 인도 인더스 문명 (인도 탐험)	· 인도 고대 문명이 발생한 인더스 강 유역의 자연환경을 이해한다. · 인도 고대 문명의 문화재를 통해 인도 고대 문명의 특성을 이해한다.	01 인더스 문명을 가다! 02 인더스 문명 도시 탐험 03 수수께끼 인더스 문자 04 갠지스 문명
4차시 중국 황허 문명 (중국 탐험)	· 중국 고대 문명이 발생한 황허 유역의 자연환경을 이해한다. · 중국 고대 문명의 문화재를 통해 중국 고대 문명의 특성을 이해한다.	01 황허 문명을 가다! 02 황허 문명의 주인공 '상(은)' 03 뼈에 새긴 갑골문자 04 천자의 나라 '주'

이 달에 배우는 세계사 연표

기원전 8000년경
'비옥한 초승달 지역' 농경 시작

기원전 6000년경
중국에서 농경 시작

기원전 4000년경
한반도 농경 시작

기원전 3500년경
메소포타미아 문명 시작

기원전 3000년경
이집트 문명 시작

기원전 2500년경
인도 인더스 문명, 중국 황허 문명 시작

기원전 2333년
고조선 건국

1 메소포타미아 문명

 학습목표

- 메소포타미아 문명이 발생한 서아시아 '비옥한 초승달 지역'의 자연환경을 이해한다.
- 메소포타미아 문명의 문화재를 통해 메소포타미아 문명의 특성을 이해한다.

학습내용

01 문명의 조건 – 농업과 도시
02 문명의 시작 – 4대 문명
03 메소포타미아 문명을 가다!
04 수메르인이 꽃피운 메소포타미아 문명

공부하고 지도에 표시하기

01 문명의 조건 - 농업과 도시

인류는 오랜 구석기 시대를 끝나고 신석기 시대를 거쳐 청동기 시대에 문명을 만들어 냅니다. 문명은 어떻게 생겨나게 되었을까요?

문명의 조건 1 신석기 시대 - 농업 혁명

》 1 신석기 시대란 무엇일까요?

新 새 신   石 돌 석   器 그릇 기

》 2 다음 신석기 시대 생활 모습을 그린 그림을 보고 신석기 시대의 특징을 설명해 보세요. 구석기 시대와 달리 어떠한 변화가 생겼나요?

▲ 고대 유럽의 신석기 시대 집

자연환경   목축   농경   집   마을

》 3 세계에서 맨 처음 농사를 짓기 시작한 곳은 어디일까요?

8쪽의 지도를 참조하세요

세계에서 맨 처음 농사를 시작한 곳은 서아시아의 '비옥한 초승달 지역'이다. 약 기원전 8000년 전 이곳 사람들은 밀과 보리를 재배하고 야생양과 염소, 소를 길렀다.

문명의 조건 2 청동기 시대 – 도시 혁명

》1 청동기 시대란 무엇일까요?

青 銅 器

푸를 청　　구리 동　　그릇 기

》2 다음 청동기 시대 생활 모습을 그린 그림을 보고 청동기 시대의 특징을 설명해 보세요. 신석기 시대와 달리 어떠한 변화가 생겼나요?

부족장

전쟁

마을

도시

》3 세계에서 가장 오래된 도시는 어디일까요?

　　사람들이 모여 사는 마을이 점점 커지다가 수천 명, 수만 명이 사는 도시가 생겨났다. 현재 밝혀진 가장 오래된 도시는 약 1만 년 전에 세워진 서아시아 요르단 강 유역의 예리코이다. 약 기원전 5000년 전 서아시아 지역에는 많은 도시들이 생겨났다. 도시는 주변의 마을을 흡수하여 도시국가로 발전해 갔다.

예리코(세계에서 가장 오래된 도시)

5

청동기 시대가 펼쳐지면서 큰 강 유역의 평야 지대에 도시 국가들이 생겨나고 문명이 탄생했습니다. 4대 문명이 어디에서 탄생했는지 알아봅시다.

>> **1** 다음 두 생활 공간을 비교해 보세요. 어느 것을 문명이라 할 수 있나요?

文 明 ======= civilization
글월문 밝을명 ======= 라틴어 civis(시민), civilitas(도시)

| **문명** : 자연 그대로의 원시적 생활에서 벗어난 세련된 삶의 모습을 뜻한다. '문화'는 종교 · 학문 · 예술 · 도덕 등 정신적인 움직임을, '문명'은 좀더 실용적인 생산 · 공업 · 기술 등 물질적인 방면의 움직임을 가리킨다. 그래서 '문화'를 정신 문명, '문명'을 물질 문명으로 구분하기도 한다.

>> **2** 다음 중 문명과 관련이 있는 낱말을 골라 동그라미해 보세요. 왜 문명과 관련이 있다고 생각했나요?

나무   농사   돌   시장   사냥   청동기

동굴   군대   마을   채집   도시

국가   문자   지배자   신전

>> **3** 다음 '4대 문명의 발상지' 지도를 보고 세계 4대 문명이 발생한 곳을 알아봅시다.

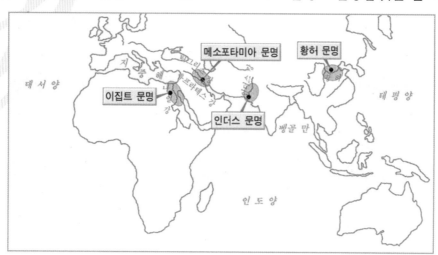

1 4대 문명이 발생한 지역의 대륙 이름을 지도에 써 넣으세요.

2 지도에서 4대 문명을 찾아 쓰고, 4대 문명이 탄생한 지역의 강 이름을 바르게 연결해 보세요.

1 •   • ㄱ 나일 강

2 •   • ㄴ 유프라테스 강

3 •   • ㄷ 황허

4 •   • ㄹ 인더스 강

          • ㅁ 티그리스 강

3 문명은 모두 강이 있는 곳에서 발생했습니다. 문명은 왜 강 주변에서 생겨났을까요?

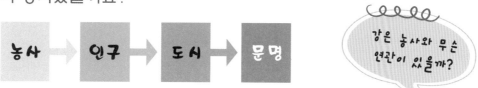

강은 농사와 무슨 연관이 있을까?

메소포타미아 문명을 가다!

기원전 3500년경 서아시아의 티그리스 강과 유프라테스 강 유역에서 메소포타미아 문명이 발생했습니다. 왜 티그리스 강과 유프라테스 강 유역에서 메소포타미아 문명이 탄생하게 되었는지 알아봅시다

>> **1** 메소포타미아 문명을 만들어 낸 티그리스와 유프라테스 강 유역의 '비옥한 초승달 지역'에 대해 알아봅시다.

| 유역(流−흐를 유, 域−지역 역) : 물이 흐르는 지역 : 강물이 흐르는 언저리의 지역

1 메소포타미아란 무슨 뜻인가요? 위의 지도에서 메소포타미아의 두 강을 찾아 표시하고 강 이름을 쓰세요.

meso		potamia
between, 둘 사이의	**+**	river, 강

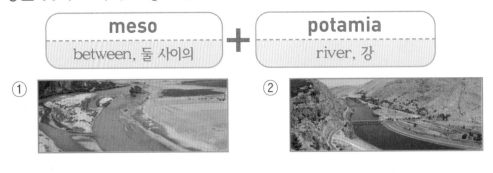

①   ②

2 티그리스, 유프라테스 강은 어떠한 방식으로 두 강 유역의 땅을 기름진 땅으로 만들어 주었나요?

氾 넘칠 범   濫 넘칠 람

3 메소포타미아 지역을 '비옥한 초승달 지대'라고 부릅니다. 왜 이렇게 부를까요? 위의 지도에서 비옥한 초승달 지대를 찾아 색칠해 보세요.

>> 2 메소포타미아 지역에 가장 먼저 도시국가를 건설한 사람들은 수메르인입니다. 수메르인이 건설한 <보기>의 도시국가들을 지도에서 찾아보세요.

 우르, 우루크, 라르사, 에리두

수메르 문명의 도시 국가들▶

>> 3 메소포타미아 문명이 발생한 지역은 지금의 이라크입니다. 물음에 답하며 이라크에 대해 알아봅시다.

① 이름 : 이라크 공화국
② 수도 : 바그다드
③ 면적 : 438,317㎢(세계 59위)
④ 인구 : 약 3,113만 명(세계 39위)
⑤ 종교 : 이슬람교 97%

1 이라크라는 나라 이름은 수메르의 도시 ＿＿＿＿＿＿＿(Uruk)에서 유래했다고도 하고, 아랍어로 '강기슭 지역'이라는 뜻에서 유래했다고도 합니다.

2 이라크의 수도는 어디인가요?

3 이라크는 어느 대륙에 속해 있나요?

4 이라크와 국경을 접하는 나라들을 지도에서 찾아보세요.

5 다음 중 비옥한 초승달 지역에 해당하지 않는 나라는?

이스라엘   시리아   레바논   터키   이라크   예멘

04 # 수메르인이 꽃피운 메소포타미아 문명

메소포타미아 문명의 첫 주인공인 수메르인은 지구라트를 중심으로 도시국가를 세우고 문자를 발명하여 역사에 많은 공헌을 했습니다.

수메르 문명　　여러 도시국가의 형성

>> **1** 수메르인이 세운 도시국가들 한가운데에는 지구라트라고 부르는 신전이 서 있습니다. 수메르인이 세운 신전 지구라트에 대해 알아봅시다.

이라크의 우르 지구라트(기원전 2100년경, 가장 보존이 잘됨)　　지구라트 꼭대기(신상을 모신 성소)

1 지구라트는 성탑(聖塔), 단탑(段塔)이라고도 합니다. 왜 이렇게 부를까요?

2 수메르인들은 지구라트를 높게, 더 높게 쌓으려고 했습니다. 왜 그랬을까요?

3 수메르인들은 지구라트를 무슨 용도로 사용했을까요?

4 모두 32개의 지구라트가 전해지는데, 가장 보존 상태가 좋은 지구라트는?

수메르 문명　　쐐기문자 발명

>> **2** 도시에는 많은 사람들이 모여들면서 서로 필요한 물건을 교환하거나 팔기 시작했습니다. 사고 판 물건의 양을 흙벽에 새기면서 최초의 그림 문자가 생겨났지요. 수메르인들은 흙벽에 어떤 내용을 새겼을까요?

농산물 수확량　　빌려준 물건　　왕의 명령

가축의 수　　창고 물건의 양　　하늘의 예언

>> **3** 수메르인이 흙벽에 새긴 다음 그림문자를 해석해 보세요.

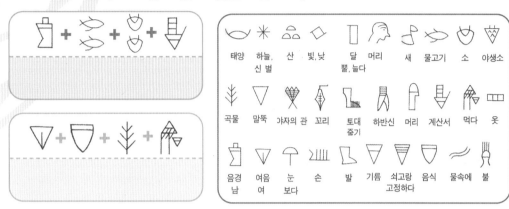

>> **4** 수메르인들은 그림문자를 더 간단하게 표시하여 인류 최초의 문자인 쐐기문자를 만들어 냈습니다. 다음 문자의 뜻을 알아보고, 최초의 문자 이름을 쓰세요.

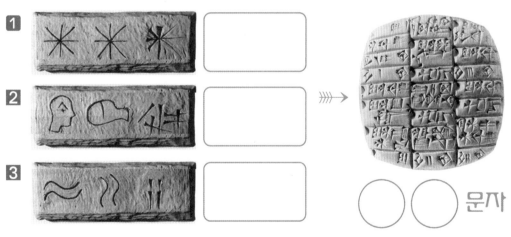

1

2

3

○○ 문자

> **설형문자 (楔-쐐기 설, 形-모양 형) : 쐐기 모양 문자 :** 점토 위에 갈대나 금속으로 만든 펜으로 새겨 썼기 때문에 문자의 선이 쐐기 모양으로 되어 설형문자라고 하며 쐐기문자라고도 한다.

>> **5** 인류가 살았던 긴 시간은 문자의 탄생 전과 후로 나누어집니다. 메소포타미아 문명은 선사 시대와 역사 시대 중 어느 시대에 속하나요?

선사 시대	문자	역사 시대
문자 기록이 없는 시대		문자 기록이 있는 시대

수메르 문명

기원전 3500년경 수메르인들은 서아시아 메소포타미아 지역에 도시국가를 건설해 인류 최초의 문명을 건설했습니다. 인류 최초의 문명인 수메르 문명을 소개해 보세요.

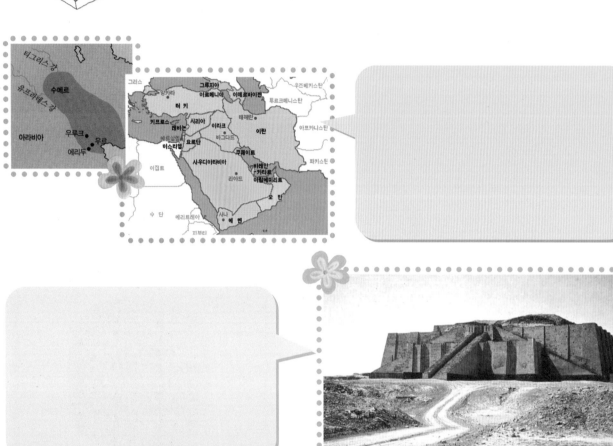

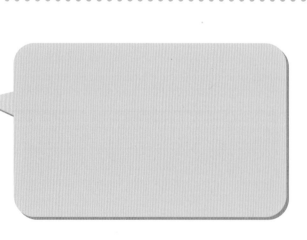

2 이집트 문명

공부하고 지도에 표시하기

01 이집트 문명을 가다!

기원전 3000년경 이집트의 나일 강 유역에서 이집트 문명이 발생했습니다. 왜 나일 강 유역에서 이집트 문명이 탄생하게 되었는지 알아봅시다.

» 1 사막으로 뒤덮여 있는 이집트에 어떻게 문명이 탄생했을까요? 신의 축복이라 불리는 나일 강을 통해 그 이유를 알아봅시다.

현재의 나일 강

1 나일 강은 7~10월에 범람을 합니다. 나일 강의 범람은 사막으로 뒤덮인 나일 강 주변을 어떻게 변화시켰나요? 위의 사진 속 풍경을 설명해 보세요.

2 범람으로 생겨난 나일 강 주변에 농사지을 수 있는 땅을 위의 지도에서 찾아 표시해 보세요.

3 이집트는 멤피스라는 도시를 기준으로 상이집트와 하이집트로 나눕니다. 지도에서 멤피스를 찾아 표시하고 상이집트와 하이집트를 구분하세요.

④ 나일 강은 상이집트에서 하이집트로 흐릅니다. 지도에서 나일 강이 흐르는 방향을 표시해 보세요.

⑤ 지도에서 이집트를 둘러싸고 있는 바다와 사막을 찾아 써 보세요. 바다와 사막으로 둘러싸여 있으면 어떤 장점이 있을까요?

바다

사막

>> **2** 이집트 문명이 발생한 지역은 지금의 이집트입니다. 물음에 답하며 이집트에 대해 알아봅시다.

① 이름 : 이집트 아랍 공화국
② 수도 : 카이로
③ 면적 : 1,001,450㎢ (세계30위)
④ 인구 : 약 8,368만 명(세계15위)
⑤ 종교 : 이슬람교 90%

❶ 이집트의 정식 나라 이름은 무엇인가요?

❷ 이집트는 어느 대륙에 속해 있나요?

❸ 이집트의 수도는 어디인가요?

❹ 이집트와 국경을 접하는 나라들을 찾아보세요.

❺ 이집트 사람들이 사용하는 언어는 무엇일까요?

나라 이름에
답이 있습니다.

02 파라오의 거대한 건축물

고대 이집트는 나일 강의 축복으로 농사가 잘되는 풍요로운 곳이었습니다. 이 곳에 사람들이 모여들어 큰 무리를 이루면서 지배자가 등장했습니다. 고대 이집트의 위대한 건축물을 통해 지배자 파라오에 대해 알아봅시다.

● 쿠푸 왕과 람세스 2세

쿠푸 왕

이집트 사람들은 나를 '위대한 왕'이라고 불러. 나는 고대 이집트 제4왕조 시기에 약 23년 동안 이집트를 다스렸지. 태양신 '라'를 대신해 내가 다스리는 거지. 나는 살아 있는 신이고, 죽으면 다시 부활할 거야. 그래서 나는 기원전 2560년부터 약 20년 동안 나의 무덤인 피라미드를 만들게 했어. 죽은 다음에 다시 태어나기 위해서지. 지금도 이집트 기자에 가면 나의 무덤인 거대한 피라미드가 있어. 나의 피라미드 옆에는 아들 카프레 왕과 손자 멘카우레 왕의 피라미드가 함께 있지. 머리만 사람이고 몸통은 사자인 스핑크스가 우리를 지키고 있단다.

람세스 2세

나는 제 19왕조 때 이집트를 다스린 왕이야. 넓은 영토와 화려한 문화를 꽃피워 이집트 전성기를 이룬 나야말로 위대한 파라오지! 왜 왕이 아니라 파라오냐고? 기원전 1500년쯤부터 왕을 '상하이집트의 주인이자, 모든 신전의 수장'이란 뜻의 '파라오'라고 불렀거든. 나는 쿠푸 왕처럼 거대한 피라미드를 만들기 보단 파라오의 강력한 힘을 보여주고 싶어 이집트 전국에 77개의 신전을 만들게 했어. 이집트 어디를 가도 나를 찬양할 수 있도록 말이야. 기원전 1257년 상이집트에 세운 아부심벨 신전을 비롯해 룩소르 신전, 카르나크 신전 등 거대하고 화려한 장식으로 꾸민 나의 신전들은 지금까지도 이집트에 남아 있지.

>> **1** 이집트 사람들은 지배자를 무엇이라고 불렀나요?

 왕 →

나는 신이다!
나일 강의 범람은
내가 조절한다.

>> **2** 기자에 있는 세 피라미드의 이름을 쓰고, 쿠푸 왕의 피라미드를 찾아보세요.

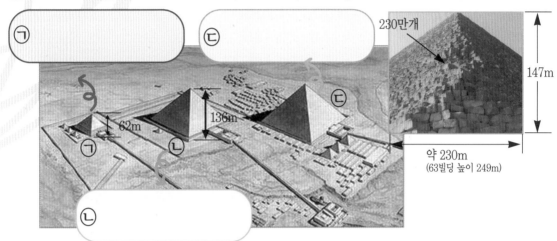

㉠

㉡

㉢

230만개

147m

62m

136m

약 230m
(63빌딩 높이 249m)

1 피라미드는 왜 계단처럼 쌓았을까요?

2 쿠푸 왕의 피라미드는 내 키보다 얼마나 더 큰가요?

3 피라미드 앞에 세워져 있는 다음 조각상의 이름은 무엇인가요? 왜 세워 놓았을까요? 위의 사진에서 위치를 찾아봐요.

이름: ◯ ◯ ◯ ◯

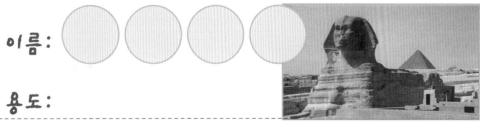

용도: _____

길이 70m, 높이 20m

>> **3** 아부심벨 신전 입구에 있는 조각상에서 람세스 2세와 가족들을 찾아보세요.

1 람세스 2세 조각상은 모두 몇 개인가요?

2 람세스 2세의 가족들을 찾아보세요.

3 조각상에 단 수염의 의미는 무엇인가요?

고대 이집트에서 수염은 신을 상징했어요.

03 피라미드 대탐험

피라미드 안에는 어떤 비밀이 숨어 있을까요? 피라미드 속 세상을 살펴보면서 고대 이집트인들의 생각을 알아봅시다.

>> **1** 이집트 파라오의 무덤인 쿠푸 왕의 피라미드 속으로 들어가 봅시다.

이집트인들은 사후세계를 믿었기 때문에 죽은 다음에 쓸 물건이나 생전에 아꼈던 보물 같은 것들을 무덤 속에 같이 넣었습니다. 그러다 보니 보물을 훔치려는 도굴꾼들이 많아졌습니다. 이러한 도굴을 피하기 위해 피라미드는 복잡한 구조로 되어 있답니다.

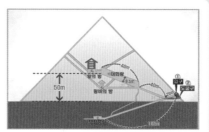

쿠푸 왕의 피라미드 구조

1 피라미드는 무슨 용도로 쓰였나요?

2 쿠푸 왕의 무덤방이 어디 있는지 찾아보세요.

3 현재 쿠푸 왕의 피라미드는 텅 비어 있습니다. 그 이유는 무엇일까요?

>> **2** 이집트의 소년 왕 파라오인 투탕카멘의 무덤은 다행히 도굴당하지 않아 많은 보물들이 나왔습니다. 투탕카멘의 무덤에서 나온 다음 유물들은 무엇일까요?

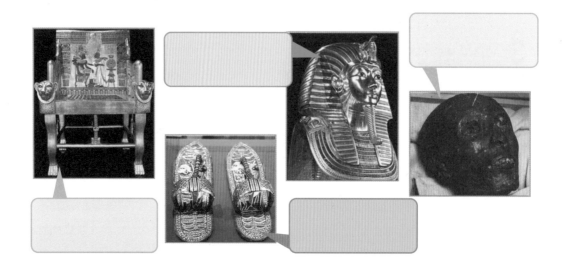

>> **3** 고대 이집트인들은 시신을 미라로 만들어 관 속에 넣었습니다. 다음 빈 칸에 알맞은 낱말을 〈보기〉에서 찾아 넣으며 미라 만드는 순서를 알아봅시다.

> **보기** 뇌, 심장, 소금

① 깨끗하게 씻은 시신의 왼쪽 콧구멍 속으로 뾰족하고 긴 갈고리를 넣어 (　　　　)를 빼낸다.

② 왼쪽 갈비뼈 밑을 갈라 (　　　　)만 두고 간, 허파, 창자, 위를 꺼내 각각 항아리에 담는다.

③ (　　　　)이 든 헝겊을 몸 속에 넣고 70일 동안 질산나트륨에 담가 두었다가 꺼낸다.

>> **4** 고대 이집트인들은 죽은 사람의 관 속에 미라와 함께 '사자의 서'를 넣었습니다. '사자의 서'에는 사후 세계에서 편안하게 지내기를 기원하는 주문이 적혀 있습니다. '사자의 서'를 함께 살펴봅시다.

> **사자의 서** ｜ 死죽을 사 者사람 자 書글 서 , 'Book of the Dead'

출발 / 진실 저울 / 합격 / 심판관 오시리스

1 '진실저울'에 심장을 달아서 깃털보다 무거우면 괴물에게 잡아먹힌다고 합니다. 위의 그림에서 죽은 자, 심장, 깃털, 괴물을 찾아보세요.

착한 사람의 심장은 순수해서 가볍다!!!

2 위의 사람의 심장은 깃털보다 가벼운가요, 무거운가요? 진실저울을 잘 살펴보세요.

3 위의 그림에서 죽은 자를 재판하는 심판관 오시리스를 찾아보세요. 오시리스는 이 사람에게 어떠한 판결을 내렸을까요?

죽은 뒤의 삶을 믿는 이집트인들은 자신들의 생각을 문자로 만들어 표현했습니다. 이집트 문명에는 어떤 문자가 있었는지 알아봅시다.

● 이집트 문명 │ 상형문자

고대 이집트 문자는 '히에로글리프'라고 부른다. 파라오의 이름과 업적을 기록하는 데 사용했기 때문에 성스럽게 조각한 문자라는 뜻에서 성각문자(聖刻文字)라고도 하고, 그림처럼 생겨서 상형문자라고도 한다. 고대 이집트 상형문자는 기본 700여 개에서 많게는 수천 개까지 있다. 그중에서 대표적인 것이 1898년 상이집트의 히에라콘폴리스에서 발견된 의식용 팔레트인 나르메르 팔레트이다. 상이집트의 나르메르 왕이 하이집트를 정복하는 모습이 새겨져 있다. 상이집트 왕이 하이집트를 정복해서 처음으로 이집트 통일 국가를 이룩한 역사적 사건을 상징적으로 나타낸 것으로 풀이된다.

나르메르 왕의 팔레트
높이 64cm(카이로 박물관 소장)

│ **상형문자** (象-형상 상, 形-모양 형) : 형상을 본뜬 문자 : 물건의 모양을 본떠 만든 글자
│ **팔레트** : 고대 이집트의 안료, 화장료 등을 조제하기 위한 석판(石板)

>> **1** 나르메르 팔레트에 기록된 상형문자를 보고 그 의미를 추측해 봅시다. 상형문자 옆의 그림을 보면 더 잘 알 수 있습니다.

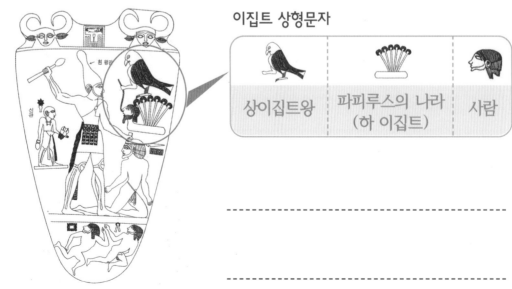

이집트 상형문자

상이집트왕	파피루스의 나라 (하 이집트)	사람

>> 2 상형문자가 발전하여 발음할 때 필요한 약 30개 정도의 글자를 정해 놓았습니다. '상형문자 키보드'를 이용해서 다음 문장을 이집트 상형문자로 바꿔 써 보세요.

1 상형문자란 무슨 뜻인가요?

2 자신의 이름을 상형문자로 쓰세요.

3 2013년 7월 28일을 상형문자로 쓰세요.

4 'I LOVE YOU'를 상형문자로 쓰세요.

이집트 문명

기원전 3000년 경 나일강 유역에서 이집트 문명이 발생했습니다. 이집트 문명을 소개해 보세요.

3 인도 인더스 문명

공부하고 지도에 표시하기

01 인더스 문명을 가다!

기원전 2500년경 인도의 인더스 강 유역에서 인더스 문명이 발생했습니다. 왜 인더스 강 유역에서 인도 문명이 탄생하게 되었는지 알아봅시다.

>> **1** 인더스 문명을 만들어 낸 강과 지형의 특징을 알아봅시다.

1 히말라야의 눈이 녹아서 생긴 두 개의 큰 강을 아래 지도에서 찾아 표시해 보세요. 두 강의 이름은 무엇인가요? 두 강 중 문명이 시작된 강은 어디인가요?

전설에 따르면 히말라야 산맥을 '사자'라고 부른다. 인더스 강은 사자의 입에서 쏟아져 나온다고 하여 '사자의 강'이라고 부른다. 총길이가 2,900~3,200km 정도로 티베트에서 시작해 히말라야를 거쳐 파키스탄에서 아라비아 해로 흘러들어간다. 강물은 대부분 히말라야의 눈이 녹아 만들어졌기 때문에 물의 양의 변화는 있지만 결코 마르는 경우는 없다. 현재 이 지역은 매우 건조하고 황량한 지형이지만 기원전 약 2500년경에는 인더스 강의 영향으로 매우 비옥하고 산림이 울창하여 사람이 살기 좋은 환경이었다.

㉠

㉡

2 인도를 둘러싸고 있는 바다를 찾아 이름을 써 보세요.

3 인도를 둘러싸고 있는 산맥 3개를 찾아 보세요. 그 중 세계에서 가장 높은 산맥은 무엇인가요?

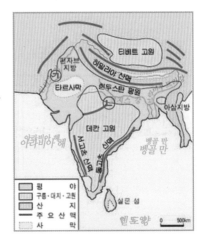

4 바다와 산맥으로 막혀 있는 지형은 인더스 문명에 어떤 영향을 끼쳤을까요?

>> 2 인더스 문명이 탄생한 인도는 현재 3개의 나라로 나누어져 있습니다. 다음 지도에서 인도, 파키스탄, 방글라데시를 찾아보세요.

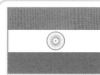
① 이름 : 인도공화국
② 수도 : 뉴델리
③ 종교 : 힌두교80.5%

① 이름 : 파키스탄
② 수도 : 이슬라마바드
③ 종교 : 이슬람교97%

① 이름 : 방글라데시
② 수도 : 다카
③ 종교 : 이슬람교83%

1 인더스 문명이 탄생한 곳은 지금의 어느 나라인가요? 지도에서 찾아 표시해 보세요.

2 인도가 3개국으로 갈라지게 된 배경은 무엇일까요?

세 나라의 종교를 잘 살펴봐요.

3 인도, 파키스탄, 방글라데시의 수도는 어디인가요?

4 인도의 인구는 약 12억 명입니다. 세계 몇 위일까요?

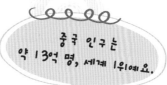
중국 인구는 약 13억 명, 세계 1위예요.

02 인더스 문명 도시 탐험

세계사 여행

인더스 문명을 세상에 알린 인더스 강 유역의 하라파와 모헨조다로 도시 유적을 통해 인더스 문명을 알아봅시다.

● **인더스 문명의 고대 도시** 하라파와 모헨조다로

1921년 영국의 고고학자 존 마셜이 인더스 강 상류의 '하라파' 언덕을 조사하던 중 우연히 2만 명이 살던 고대 도시의 흔적을 찾아냈다. 그로부터 1년 뒤, 하라파에서 조금 떨어진 인더스 강 하류의 '모헨조다로' 라는 마을 근처에서 또 하나의 큰 도시 유적을 발견했다. 하라파 유적지는 훼손이 심해 실체를 알아보기 힘들었는데, 모헨조다로 유적이 발굴되면서 수준 높은 인더스 문명의 모습을 알 수 있게 되었다.

하라파와 모헨조다로 유적은 둘 다 흙벽돌로 성곽을 쌓고 도로가 가로세로 반듯한 바둑판 도로망으로 되어 있는 계획 도시이다. 모헨조다로 도시 유적을 살펴보면 도시 서쪽의 높은 언덕에는 곡물창고, 회의장, 대형 목욕탕 등 공공시설이 있다. 도시 서쪽 중앙의 대형 목욕탕은 제사를 지내기 전에 사람들이 몸을 씻는 종교적 용도로 사용했을 것으로 추측하고 있다.

또 동쪽 주거지에는 수천 채의 벽돌집과 상점이 빽빽이 들어서 있는데, 개인집마다 우물, 욕실, 화장실, 하수도 시설을 갖추고 있다. 놀랍게도 화장실의 오물은 통로를 통하여 도로의 하수도로 흘러들어가도록 설계되어 있는데, 하수도는 도로와 평행을 이루면서 1m당 2cm씩 낮아지도록 정밀하게 만들어졌다. 하지만 인더스 문명에서는 ㉠신전이나 궁전, 호화로운 묘지와 같은 거대한 건축물은 발견되지 않았다.

≫ **1** 위의 지도에서 모헨조다로와 하라파를 찾아 표시해 보세요. 인더스 문명의 도시들을 계획 도시라고 부르는 이유는 무엇인가요?

하라파 유적

모헨조다로 유적

>> **2** 모헨조다로 도시 유적의 동쪽과 서쪽에 무엇이 있는지 써 보세요.

서쪽

동쪽

>> **3** 인더스 문명 사람들이 지은 건축물의 재료는 무엇인가요?

>> **4** 모헨조다로 도시 유적에서 발굴된 다음 건축물은 무엇일까요?

㉠

도시 중앙에 위치해 있다. 사람들이 종교 집회를 갖기 전에 모여서 몸을 깨끗이 했던 곳이다. 벽돌 계단을 만들어 계단 위에 서서 안에 들어가는 사람들에게 물을 부어 주었다.

㉡

가로세로 반듯하게 서로 교차하는 바둑판 모양으로 만들어졌다. 길이는 1500m 이상이고 폭은 3~10m나 된다.

㉢

주택에서 사용한 목욕물과 화장실 오물은 이곳으로 흘러들어간다. 도로와 평행을 이루며 만들어졌다.

>> **5** ㉠을 통해 알 수 있는 사실은 무엇인가요?
이집트 문명과 비교해서 설명해 보세요.

거대한 건축물은 누가 지을까요?

수수께끼 인더스 문자

인더스 문명의 문자는 아직 해독되지 않았기 때문에 수수께끼로 남아 있는 것이 많습니다. 인더스 문명의 문자에 대해 알아봅시다.

● 도장에 새긴 문자 　인장문자

인더스 문명의 대표적인 유적지인 하라파와 모헨조다로 유적에서 상형문자가 새겨진 약 2천여 개의 도장을 발굴했다. 이 문자를 인장문자(印章文字) 혹은 각문(刻文)이라고 한다. 도장의 형태와 그림은 고대 메소포타미아 수메르의 것들과 흡사하다.

문자는 도장이나 부적 종류에만 새겨져 있다. 도장은 인더스 문명의 경제에서 중요한 역할을 했다. 누가 어떤 물건을 만들었는지 증명하는 상표와 같았다. 인더스 사람들은 도장을 부드러운 진흙에 찍어 물건에 붙여 재산이나 판매되는 상품의 소유권을 나타낸 것으로 추측하고 있다. 도장들의 크기는 약 2~5cm 정도이고, 정사각형 모양이다. 대부분의 도장에 동물 문양으로 황소, 코끼리, 코뿔소, 물고기, 악어 등이 새겨져 있다. 문자는 다섯 글자 정도 새겨져 있다.

인더스 문명이 사용한 문자는 아직 해독을 하지 못하고 있다. 현재 말할 수 있는 것은 상형문자가 300개 이상의 기호로 이루어져 있다는 것과 아마도 각각의 기호가 하나의 음절을 나타냈을 것이라는 추측뿐이다.

>> 1 인더스 문명의 문자를 왜 인장 문자라고 부를까요?

印　章　文　字

도장인　글장　글월문　글자자

>> **2** 다음은 도장에 새겨진 인장문자입니다. 문자의 뜻을 <보기>에서 찾아 써 보세요.

보기 사람 부적 물고기

▲	▥
산	궁전

❶	❷	❸

>> **3** 인더스 문명의 문자는 아직 해독되지 않았습니다. 자유롭게 뜻을 해석해 보세요.

>> **4** 인도에서 만들어진 기호 중 이후 아라비아로 전달되어 전 세계에서 사용하게 된 것이 있습니다. 인도의 기호가 어떻게 변화되었는지 현재의 모습을 써 보세요.

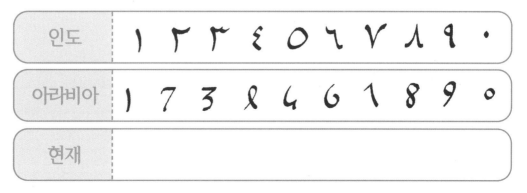

04 갠지스 문명

인더스 문명이 멸망하고 기원전 1500년 무렵 아리아인이 갠지스 강으로 이동해와 갠지스 문명을 일구었습니다.

● 갠지스 문명의 주인공 　아리아인

인더스 문명은 멸망하고, 기원전 1500년경 중앙아시아의 유목민족인 아리아인이 험준한 산맥을 넘어 펀자브 지방으로 들어온다. 이들은 기원전 1000년경 갠지스 강 유역에 진출하여 도시를 세우면서 갠지스 문명을 일구어냈다.

인도를 정복한 아리아인들은 선주민을 굴복시키기 위해 피부색을 기준으로 신분을 나누기 시작했다. 이것이 시간이 흐르면서 네 개의 카스트로 나누어졌다. 가장 높은 카스트는 사제가 속한 브라만이고, 그 뒤로 왕족이나 무사가 속한 크샤트리아, 농부와 상인이 속한 바이샤, 노예처럼 일하는 노동자들이 속한 수드라이다. 아리아인과의 경쟁에서 밀린 선주민들은 수드라 계급이 되었고 경쟁에서 이긴 아리아인은 브라만, 크샤트리아, 바이샤가 되었다. 카스트 제도는 시간이 지날수록 엄격해져 다른 카스트끼리 한자리에 앉아 이야기하거나 밥 먹는 것도 금지하고 있다. 1947년 카스트 제도는 법적으로 금지되었으나 인도 사회에서는 여전히 카스트에 따른 차별이 존재하고 있다.

>> **1** 갠지스 문명을 일구어낸 사람들은 누구인가요? 이들은 어느 방향으로 인도에 들어왔나요? 위의 지도에서 찾아보세요.

>> **2** 인도의 독특한 신분 제도인 카스트 제도는 어떻게 생겨났나요?
각 신분의 이름을 순서대로 쓰세요.

Caste

포르투갈어
카스타(Casta)
가문·혈통을 뜻함

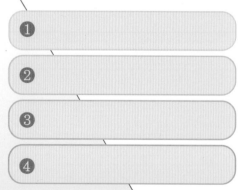

❶

❷

❸

❹

>> 3 카스트 제도에 속하지 못하는 신분인 '불가촉천민' 이 있습니다. '불가촉천민' 이라고 부르는 이유는 무엇일까요? 다음 중 이들이 하는 일이 아닌 것은?

不 可 觸 賤 民

아닐불　옳을가　닿을촉　천할천　백성민

오물 수거　　도로 청소　　시체 처리　　공무원

가죽 가공　　교사　　도축　　세탁　　경찰　　도기 제조

>> 4 갠지스 강은 인도인들에게 어떠한 의미인가요? 30쪽의 지도에서 갠지스 강을 찾아보세요.

갠지스 강은 힌두교에서 '어머니의 신' 이라 불리는 강가의 이름을 따서 붙여진 이름이다. 갠지스 강의 총길이는 2506km로, 히말라야 중심부에서 동쪽으로 흐르다가 브라마푸트라 강과 합쳐져서 뱅골 만으로 빠져나간다. 현재는 인도인들의 젖줄로, 인도인들의 삶의 터전이 되고 있다.

>> 5 갠지스 문명이 인더스 문명과 같은 점, 다른 점은 무엇인가요?

갠지스 도시에는 우물이 많았는데 이는 이전의 인더스 문명 도시에 있던 위생 시설을 떠올리게 한다. 갠지스 문명의 사람들은 목욕과 청결을 무척 중시했다. 지금도 많은 인도인들이 갠지스 강이 죄와 불순함을 씻어 준다고 믿고 갠지스 강에서 목욕하는 것으로 하루 일과를 시작한다.

같은 점:

다른 점:

인도 인더스 문명

기원전 2500년경 인도의 인더스 강 유역에서 인더스 문명이 발생했습니다. 인더스 문명을 소개해 보세요.

4 중국 황허 문명

공부하고 지도에 표시하기

01 황허 문명을 가다!

기원전 2500년경 중국의 황허 유역에서 황허 문명이 발생했습니다. 왜 황허 유역에서 중국 문명이 탄생하게 되었는지 알아봅시다.

● 중국 문명의 어머니 〔황허〕

황허는 중국 북부 건조한 먼지가 날리는 넓은 평야를 서서히 흐르면서 멀리 산악 지대에서 흙을 끊임없이 흘러내린다. 또 북방의 시베리아와 몽골에서 불어오는 모래는 몇 천 년 사이에 1미터가 넘는 두께로 황허 주변에 쌓였다. 이러한 두 가지 자연 환경으로 황허 주변에 넓은 평야가 이루어졌다. 다른 문명의 강과 마찬가지로 몇 천 년 동안 범람을 되풀이하면서 비옥한 땅이 만들어진 것이다. 사람들이 비옥한 땅에 모여들어 농사를 지으면서 기원전 2500년 무렵 황허 문명이 시작되었다.

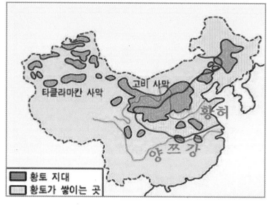

>> **1** 중국의 황허 문명을 만들어 낸 강과 지형의 특징을 알아봅시다.

1 왜 황허(하)라는 이름이 붙었을까요? 황허와 양쯔 강을 지도에서 찾고 물줄기를 따라 그려 보세요.

黄	河
누를황	물하

2 황허 주변의 황토는 북서부의 사막에서 날아온 모래가 쌓여 이루어진 기름진 흙입니다. 황토가 어디서 날아오는지 그 경로를 써 보세요.

시베리아 ▶ 사막 ▶ 사막 ▶ 황허

| **황토(黃土) : 누런 흙 :** 중국의 황허 유역에 넓게 분포한다. 비옥한 토양을 이룬다.

3 황허를 왜 중국 문명의 어머니라고 할까요?

》2 다음 지도를 보고 물음에 답하며 중국을 알아봅시다.

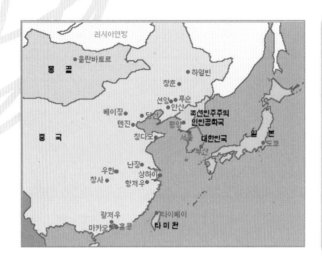

① 이름 : 중화인민공화국
② 수도 : 베이징
③ 면적 : 9,596,961㎢ (세계 4 위)
④ 인구 : 약 13억 명(세계 1 위)
⑤ 종교 : 도교, 불교

1 중국은 어느 아시아에 속하나요?

① 중앙아시아   ② 북아시아   ③ 동북아시아   ④ 동남아시아   ⑤ 남아시아

2 다음 중 동북아시아에 속하지 않는 나라는?

① 중국   ② 이라크   ③ 한국   ④ 인도   ⑤ 일본

3 중국의 수도를 지도에서 찾아보세요.

》3 다음 세계지도에서 4대 문명이 탄생한 지역을 표시하고 어느 대륙에서 발생했는지 말해 보세요.

02 황허 문명의 주인공 '상(은)'

상(은)나라의 존재를 세상에 알린 은허 유적지를 통해 황허 문명의 첫 주인공이 된 상나라에 대해 알아봅시다.

● 상(은)나라   은허 유적

은나라 초대 임금 탕왕의 초상

옛날 중국 역사책 〈사기〉에는 상(은)나라 이전에 하나라가 존재했다는 기록이 있지만 하나라의 유물과 유적이 발견되지 않아 아직 전설 속의 나라로 남아 있다. 얼마 전까지만 해도 상(은)나라 역시 전설 속의 나라라고 생각했는데 은허의 발굴로 상(은)나라가 실제로 존재했던 나라임이 밝혀졌다.

중국의 어느 학자가 베이징 약재상에게서 갑골(甲딱지갑,骨뼈골 : 거북의 등딱지와 짐승의 뼈)에 새겨진 글자를 발견했고, 연구를 통해 그 글자가 고대 문자임을 밝혀냈다. 그래서 갑골이 많이 발견되는 은허(안양)라는 곳을 발굴하기 시작했는데, 그 곳에서 문자가 새겨진 수많은 갑골, 질 좋은 청동기, 아름다운 토기, 일반인들의 집터, 무덤, 궁궐터 등이 나왔다.

이렇게 해서 중국 역사에서 전설의 나라였던 상나라의 실체가 밝혀졌으며, 상나라가 상당한 수준의 달력을 사용하고 발달된 농업 기술과 청동기 제작 기술을 가진 문명임을 확인할 수 있었다. 은허 유적은 2006년 세계문화유산으로 등재되었다.

》 1 하나라를 전설 속의 나라라고 하는 이유는 무엇인가요?

》 2 상(은)나라를 중국 최초의 나라로 보는 이유는 무엇인가요?

>> **3** 다음 사진 속 은허 유적지를 통해 상(은)나라에 대해 알아봅시다.

1 은허 유적을 발굴하게 된 배경은 무엇인가요?

은허에서 발굴된 청동 솥 ▶

2 은허 유적에서 발굴한 다음 문화재를 통해 우리가 알 수 있는 것은 무엇일까요?

은허 부호(왕의 아내) 묘(무덤) ▶

> 대규모 궁전터

> 순장(노예 및 가축)

> 갑골문

> 청동기

> 도기, 옥기

3 은허에서 발굴된 유물은 어디에 전시되어 있을까요?

은허 박물관 (중국 허난성 은허)

상(은)나라의 수도인 은허 유적지에서 발견된 중국 문명의 문자인 갑골문자에 대해 알아봅시다.

》1 갑골문자란 무엇일까요?

$$甲 \quad 骨 \quad 文 \quad 字$$

껍데기 **갑**   뼈 **골**   글월 **문**   글자 **자**

》2 거북 등껍질에 문자를 새긴 이유는 무엇인가요? 어떠한 방법으로 점을 보았는지 설명해 보세요.

> 상(은)나라에서는 거북의 등껍질이나 짐승의 뼈에 점칠 내용을 새기고 불에 구워 그 벌어지는 모양을 보고 좋은지 나쁜지를 점쳤다고 한다. 상나라는 하늘에 제사를 지내고 점을 쳐서 미래를 예측하거나 왕이 점의 내용을 해석하여 신의 뜻이라 주장하며 정치에 이용하였다.

등껍질을 깨끗이 손질하여 평평하게 다듬는다. 평평한 판의 안쪽에 작은 홈을 몇 개 판다.

➡ ➡ 점을 친 날짜와 담당자의 이름, 내용, 왕의 해석, 결과 등을 껍질이나 뼈 위에 기록한다.

》3 다음 중 갑골문자를 해독해서 알아낸 내용이 아닌 것은?

 날씨   사냥   결혼

전쟁   성적   농사   질병

지금까지 발굴된 갑골 조각은 대략 15만여 점, 5,000여 자의 글자이고, 그중 1,700여 개의 한자가 해독되었다. 갑골문에 나타난 당시 왕실에 대한 기록을 검토해 보면 한나라 때 사마천이 쓴 〈사기〉의 내용과 상당히 일치한다.

》4 다음 갑골문자 중 동그라미한 문자의 뜻을 써 보세요.

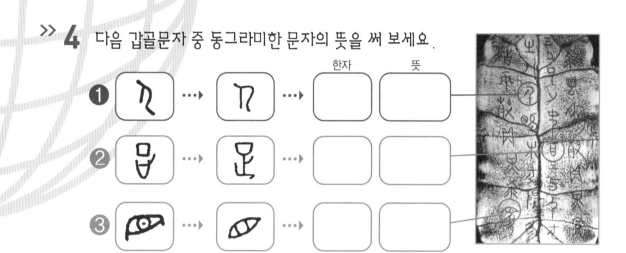

》5 중국의 갑골문자는 다른 문명의 문자와 달리 현재 중국 문자의 기원이 되었습니다. 지금 중국의 문자는 무엇인가요?

중국문자박물관
(중국 허난성 은허)

4대 문명 중 메소포타미아의 설형문자와 이집트의 파피루스 문자, 인더스 문명의 인장문자는 모두 오늘날에는 사용되지 않아 그 문자를 읽는데 큰 어려움이 따른다. 하지만 유독 갑골문만이 오늘날까지 이어져 한자가 되었다. 중국은 갑골문의 발견을 토대로 중국 문자박물관을 개관했다.

중국문자박물관은 어디에 위치해 있나요?

중국은 왜 그 곳에 문자박물관을 세웠나요?

황허 문명의 최초의 주인공 상(은)나라가 멸망하고 뒤이어 황허 유역을 차지한
주나라에 대해 알아봅시다.

● 황허 문명의 두 번째 주인공　주나라

갑골문자의 나라 상나라(은나라)를 멸망시키고 황허 문명의
새 주인이 된 나라는 주나라이다. 주나라 무왕은 하늘이 새로
운 천자를 내려보냈다며 상나라를 멸망시키고 자신이 천자가
되었음을 선포하였다. 천자(天子)는 하늘의 명을 받들어 백성
을 어진 마음으로 돌보는 사람으로, 주나라에서는 왕을 천자
로 불렀다.

주나라의 문화와 예법은 현대까지 많은 영향을 미치고 있지
만 안타깝게도 유적지가 발굴되지 않고 있었다. 그러던 중 중
국의 고고학자들은 1954년 주나라 왕성 유적을 발견했는데, 왕릉을 찾지는 못했다. 그런데
2002년 낙양 시가 하락문화광장을 건설하다가 무덤 유적을 발견했는데, 18기의 거마갱이
섞여 있었다.

거마갱(車수레거,馬말마,坑구덩이갱)이란 수레와 말이 순
장된 무덤을 말한다. 당시 수레를 끄는 말의 수는 그 사람의
신분을 나타냈다. 천자는 말 여섯 필, 제후는 네 필, 선비는 두
필의 말이 끄는 수레를 사용했다. 여섯 마리 말이 끄는 수레는
천자만이 탈 수 있었는데, 거마갱에서 천자와 함께 순장된 말

주나라 왕성 복원 모형

6필이 발굴된 것이다. 그래서 이 갱들은 주나라 왕릉 유적으로 밝혀졌으며, 추가로 발견된
700여 기 무덤들도 주나라 왕실 가족의 무덤으로 판명되었다. 중국은 거마갱 유적을 현장에
그대로 보존한 다음, 그 위에 주왕성 천자가육박물관을 지어 출토 유물을 전시하고 있다.

● 왕권의 중요한 상징　청동기

고대에 청동으로 만든 정(鼎솥정: 세 발 솥)은 왕권의 중요한 상징이었다.
청동으로 된 물건은 귀족들이나 사용할 수 있는 것이었고, 특히 청동으로
된 정을 사용하여 하늘에 제사를 지낼 수 있는 것은 왕에게만 허락된 일이
었다. 철기가 일반화되면서 철기보다 실용성이 떨어지는 청동기는 자연스럽게 의식용 그릇
으로 국한되었는데, 〈의례〉에는 신분별로 사용할 수 있는 화로의 개수가 명시되어 있다. 따
라서 주나라 때 무덤에서 발견되는 청동기를 통해 주인의 신분과 지위를 추정할 수 있다.

》1 중국 주나라 무왕이 상(은)나라를 멸망시키고 하는 말을 써 보세요.

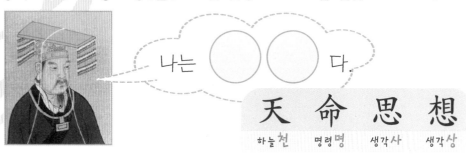

나는 ◯◯ 다.

天 命 思 想
하늘천 명령명 생각사 생각상

》2 주나라의 수도 뤄양(낙양)에서 발굴된 왕릉을 함께 살펴봅시다.

1 순장된 말은 모두 몇 마리일까요?

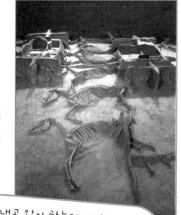

天 子 駕 六
하늘천 아들자 수레가 여섯육

2 주나라 유적에서도 상나라 유적처럼 청동기가 많이 나왔어요. 상나라와 주나라의 청동기를 살펴보고 차이점을 말해 보세요.

상나라

주나라

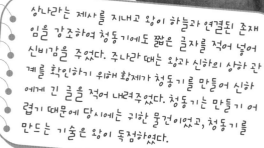

상나라는 제사를 지내고 왕이 하늘과 연결된 존재임을 강조하여 청동기에도 짧은 글자를 적어 넣어 신비감을 주었다. 주나라 때는 왕과 신하의 상하 관계를 확인하기 위해 황제가 청동기를 만들어 신하에게 긴 글을 적어 내려주었다. 청동기는 만들기 어렵기 때문에 당시에는 귀한 물건이었고, 청동기를 만드는 기술은 왕이 독점하였다.

청동기는 누가 사용했을까요?

주나라 청동기에는 왜 글자가 많이 새겨져 있을까요?

3 주나라의 유물과 유적을 보려면 어디로 가야 할까요?

천자가육 박물관 ▶
(중국 허난성 뤄양 왕성광장)

4대 문명 정리하기

4대 문명의 발생과 성장을 지도에 표시하며 정리해 봅시다.

1 4대 문명의 이름과 강 이름을 써 넣어 '4대 문명의 발상지' 지도를 완성해 보세요.

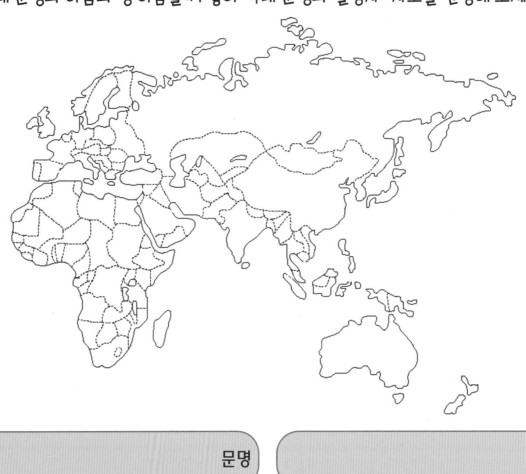

문명	강
문명	강
문명	강
문명	강

2 다음 지도에 4대 문명이 탄생한 곳에 해당하는 나라를 찾아 색칠해 보세요.

3 다음 문자의 이름을 쓰고 어느 문명의 문자인지 써 보세요.

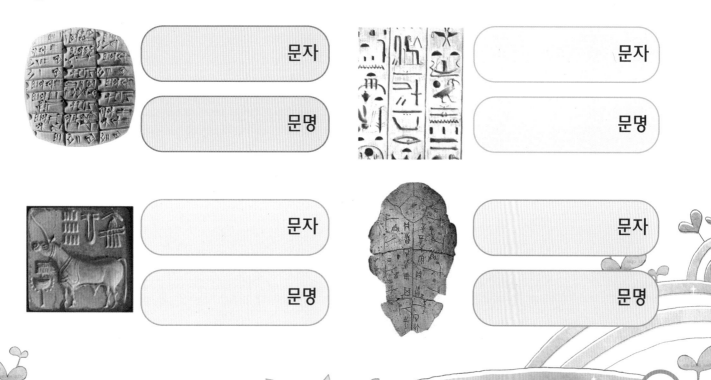

문자

문명

문자

문명

문자

문명

문자

문명

세계사 여행 2호에서 배운 내용을 기초로 세계여행 계획을 세우고,
세계지도에 가고 싶은 곳을 표시해 보세요.

HOP
new beginnin
START
ONE WA

출발~~

▶ 여행 시기 :　　　　　년　　　　월　　　　일

▶ 여행 동반자 :

▶ 여행 준비물 :

▶ 보고 싶은 것 :

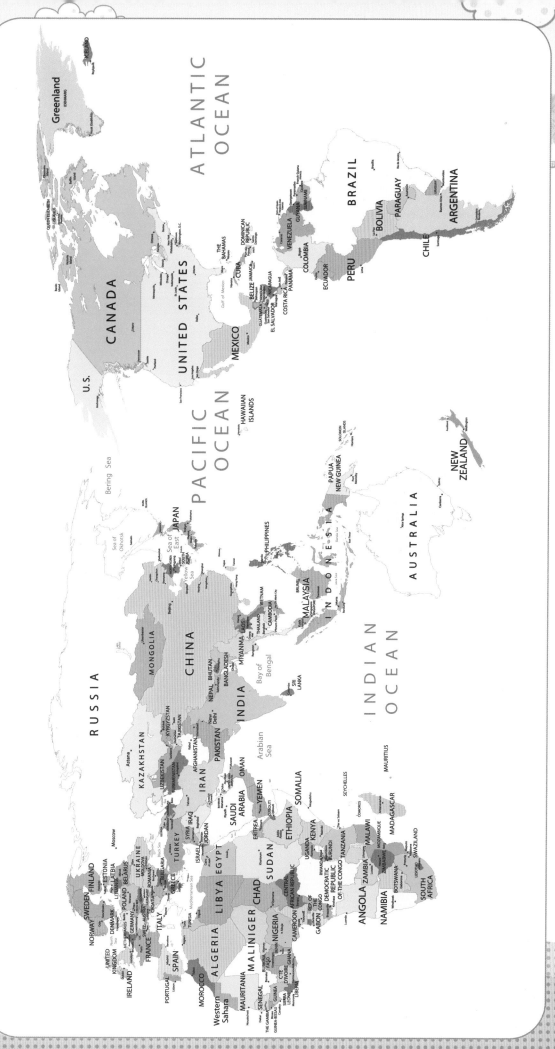

가톨릭놀이교실 역사 전문 프로그램

MEMO(알림장)

메소포타미아 문명 3쪽~

01. 문명의 조건 - 농업과 도시

〈문명의 조건 1〉
1. 간석기와 토기를 만들어 사용하던 시대
2. 자연환경 – 빙하기가 끝나고 따뜻해졌다.
   목축 – 사냥한 동물을 길러 식량과 고기, 가죽을 얻었다.
   농경 – 열매나 뿌리, 줄기를 가진 야생 식물을 길렀다.
   집 – 목축과 농경으로 한 곳에 머물게 되면서 집을 지어 살았다.
   마을 – 먹을거리가 늘어나 많은 사람들이 모여 마을이 생겼다.
3. 서아시아의 비옥한 초승달 지역
〈문명의 조건 2〉
1. 청동기를 사용한 시대
2. 부족장 – 식량과 인구가 많아지면서 가장 힘이 센 사람이 우두머리가 되어 제사와 전쟁을 이끌었다.
   전쟁 – 식량을 두고 옆 마을과 전쟁을 했다.
   마을 – 전쟁에 이긴 마을은 점점 더 커져 갔다.
   도시 – 전쟁을 통해 마을과 마을이 합쳐져 더 큰 단위의 도시가 되었다.
3. 서아시아 요르단 강 유역의 예리코

02. 문명의 시작 - 4대 문명

1. 오른쪽 사진이 문명 생활이다. / 왼쪽 사진 – 자연적으로 만들어진 동굴에서 살면서 동물을 사냥해서 식량을 얻고, 동물 가죽을 몸에 걸친다. / 오른쪽 사진 – 여러 재료를 이용해 집을 짓고, 의자, 책상과 같은 물건을 만들어 생활에 이용한다.
2. 농사, 시장, 청동기, 군대, 마을, 도시, 국가, 문자, 지배자, 신전 / 인간이 원시적인 상태에서 벗어나 문명을 이룰 수 있게 한 조건들이다.
3. ① 아시아 대륙, 아프리카 대륙
   ② 메소포타미아 문명 ⓛⓜ / 이집트 문명 ㉠ / 인더스 문명 ㉣ / 황하 문명 ㉢
   ③ 문명의 시작은 농사이다. 농사를 지으려면 곡식을 심을 땅과 곡식에게 줄 물이 필요하다. 두 가지 조건을 모두 갖춘 곳이 강 주변이다.

03. 메소포타미아 문명을 가다!

1. ① 두 강 사이의 땅 / 유프라테스 강, 티그리스 강
   ② 나란히 흐르는 두 강은 매년 상류의 비옥한 흙을 강 하류 유역으로 실어다 준다.
   ③ 두 강이 만들어 준 기름진 땅이 초승달 모양이기 때문이다.
2. 지도에서 우르, 우르크, 라르사, 에리두를 찾아본다.
3. ① 우르크 ② 바그다드 ③ 아시아 ④ 시리아, 요르단, 사이디아라비아, 쿠웨이트, 터키, 이란 ⑤ 예멘

04. 수메르인이 꽃피운 메소포타미아 문명

1. ① 성탑– 신에게 제사 지내는 신성한 곳 /
   단탑 – 계단 모양으로 만들어진 탑
   ② 하늘에 있는 신과 더 가까워지기 위해서
   ③ 수호신을 모시는 신전(신과 인간을 연결시키는 집)
   ④ 이라크의 우르 지구라트
2. 낱말을 보고 자유롭게 자신의 생각을 말해 본다.
   예) 수확량을 기록했어. / 하늘의 예언을 기록했어.
3. 남자가 물고기 두 마리와 소 두 마리를 계산했다.
   여자가 음식으로 곡물을 먹었다.
4. ① 별 / ② 머리 / ③ 물 / 쐐기문자
5. 역사 시대

이집트 문명 13쪽~

01. 이집트 문명을 가다!

1. ① 나일 강 주변에 기름진 흙이 쌓여 식물이 잘 자라는 곳이 되었다.
   ② 지도에서 나일 강 물줄기를 따라 표시해 본다.
   ③ 지도에서 멤피스를 찾는다. (멤피스를 기준으로 위쪽 하이집트, 아래쪽 상이집트)
   ④ 지도 아래쪽에서 위쪽으로 표시하면 된다.
   ⑤ 바다 : 지중해, 홍해 / 사막 : 리비아 사막, 누비아 사막
   바다와 사막으로 둘러싸여 있어서 다른 민족이 침입하기 어려웠다. 오랫동안 외부의 간섭을 받지않고 이집트 문화를 꽃피울 수 있었다.
2. ① 이집트 아랍 공화국 ② 카이로 ③ 아프리카
   ④ 리비아, 수단 ⑤ 아랍어

02. 파라오의 거대한 건축물

1. 파라오
2. ㉠ 멘카우레 ㉡ 카프레 ㉢ 쿠푸
   ① 피라미드는 파라오의 무덤이다. 파라오가 죽어서 피라미드 계단을 따라 하늘로 올라간다고 생각했다.
   ② 쿠푸왕의 피라미드 높이 147m=14700cm
   (예, 155cm=1.55m)
   ③ 스핑크스 / 파라오를 지키는 수호신 / 카프레 피라미드 앞에 있다.
3. ① 4개
   ② 람세스 2세 조각상 다리 사이에 아들과 부인 조각상이 있다.
   ③ 람세스 2세는 살아 있는 신이다.

03. 피라미드 대탐험

1. ① 파라오가 죽은 다음에 쓸 물건과 보물을 파라오와 함께 보관하는 곳
   ② 피라미드 중앙에 있는 왕의 방
   ③ 도굴꾼들이 쿠푸왕의 보물을 훔쳐갔다.
2. 의자 / 신발 / 황금마스크 / 미라
3. ① 뇌 ② 심장 ③ 소금

4. **1** 죽은자 : 흰옷을 입은 사람 / 깃털 : 저울 오른쪽 /
심장 : 저울 왼쪽 / 괴물 : 저울 오른쪽
2 심장은 깃털보다 가볍다.
3 그림 오른쪽 흰 모자를 쓴 사람 / 너는 착한 일을
했으니, 영원히 살 것이다.

04. 이집트의 상형문자

1. 상이집트왕이 하이집트를 정복했다. 하이집트 사람들
이 도망을 갔다.
2. **1** 성스럽게 조각된 문자
2 자신의 이름을 영어로 바꾼 뒤 '상형문자 키보드'
에서 찾아서 쓴다. 예)신 → SHIN
3 '상형문자 키보드' 위에서 1번째, 2번째 줄에서 찾
아서 쓴다.
4 '상형문자 키보드' 위에서 3번째 줄에서 찾아서 쓴다.

3차시 인도 인더스 문명   23쪽~

01. 인더스 문명을 가다!

1. **1** ㉠ 인더스 강 ㉡ 갠지스 강 / 인더스 강에서 문명
이 시작되었다.
2 인도양, 아라비아 해, 벵골만
3 지도에서 히말라야 산맥, 서고츠 산맥, 동고츠 산
맥을 찾아본다. / 히말라야 산맥
4 다른 지역과 단절된 채 인더스 문명을 이루었다.
2. **1** 파키스탄
2 서로 다른 종교를 믿었기 때문이다.
3 인도-뉴델리 / 파키스탄-이슬라마바드 /
방글라데시-다카
4 세계 2위

02. 인더스 문명 도시 탐험

1. 도시를 만들 때 반듯한 도로, 상하수도 시설, 창고, 목
욕탕, 주거지 등의 배치를 미리 계획하였기 때문이다.
2. 서쪽- 곡물창고, 목욕탕, 회의장 / 동쪽 – 벽돌집, 상점
3. 벽돌
4. ㉠ 대형 목욕탕 ㉡ 도로 ㉢ 하수도 시설
5. 이집트 문명은 강력한 지배자가 있었지만, 인더스 문
명은 강력한 지배자가 없는 평등한 사회였다.

03. 수수께끼 인더스 문자

1. 상형문자가 도장에 새겨져 있기 때문이다.
2. ① 부적 ② 물고기 ③ 사람
3. 자유롭게 자신의 생각을 써 본다.
4. 1, 2, 3, 4, 5, 6, 7, 8, 9, 0

04. 갠지스 문명

1. 아리아인/ 지도 왼쪽에서 오른쪽으로 화살표를 따라
표시한다.
2. 인도를 정복한 아리아인들이 선주민을 굴복시키기 위
해서 신분을 나누었다. / ① 브라만 ② 크샤트리아 ③
바이샤 ④ 수드라

3. 공무원, 교사, 경찰
4. 인도인들의 삶의 터전이다.
5. 같은 점 : 목욕과 청결을 중요하게 생각했다.
다른 점 : 인더스 문명은 평등한 사회였는데, 갠지스
문명은 신분 사회였다.

4차시 중국 황허 문명   33쪽~

01. 황허 문명을 가다!

1. **1** 강 주변에 황토 흙이 쌓여 있어서 강물이 언제나
누런색이다.
2 타클라마칸 사막 / 고비 사막
3 황허 주변의 비옥한 땅에서 농작물이 잘 자라 일
찍부터 문명을 발달시킬 수 있었기 때문이다.
2. **1** ③동북아시아 **2** ②이라크 ④인도 **3** 베이징
3. 이집트 문명 : 아프리카 / 메소포타미아 문명, 인더스
문명, 황허 문명 : 아시아

02. 황허 문명의 첫 나라 '은'

1. 하나라가 존재했다는 기록이 있지만 하나라의 유물과
유적이 발견되지 않았기 때문에
2. 은나라가 존재했다는 것을 알려주는 은허 유적이 발
견되었기 때문에
3. **1** 중국 사람들이 약으로 사용하던 갑골에 새겨진 글
자가 중국 고대 문자임을 밝혀내서, 갑골문자가
많이 발견된 은허를 발굴하게 됐다.
2 대규모 궁전터 : 지배자가 있었다.
순장(노예 및 가축) : 신분이 있었다. 죽은 뒤의 세
계를 믿었다.
갑골문 : 문자가 있었다. 기록을 했다.
청동기 : 청동기를 많이 사용했다. 청동을 만들 수
있는 기술이 발전했다.
도기, 옥기 : 흙과 옥으로 그릇을 만들었다. 그릇
만드는 기술이 발전했다.
3 중국 허난성 은허 박물관

03. 뼈에 새긴 갑골 문자

1. 거북이 껍질이나 짐승 뼈에 새긴 문자
2. 거북이 껍질이나 짐승 뼈에 점을 치고 점친 내용을
새겼기 때문이다. / 불에 구워 벌어지는 모양을 보고
좋은지 나쁜지 점을 친다.
3. 성적
4. ① 人 / 사람 ② 足 / 발 ③ 目 / 눈
5. 한자 / 중국 허난성 은허 / 은허 유적지에서 많은 갑
골문자가 발견이 되었기 때문이다.

04. 천자의 나라 '주'

1. 천자
2. **1** 6마리
2 왕과 신하 / 왕이 귀한 청동을 신하에게 내려준다
는 것을 보여주기 위해서이다.
3 중국 허난성 뤄양 천자가육박물관